Annette Grandin

Traumfänger

und indianisch inspirierter Schmuck

ENNSTHALER VERLAG, 4400 STEYR

Übersetzung aus dem Schwedischen: Anita Ivanovits

Deutsche Ausgabe:

www.ennsthaler.at

ISBN 3-85068-639-6

1. Auflage 2004
Annette Grandin · Traumfänger und indianisch inspirierter Schmuck

Ennsthaler Gesellschaft m.b.H. & Co KG, 4400 Steyr, Österreich
Satz: bleifrei · cross media production · steyr

Layout: Linda Norström
Fotos: Annette Grandin, außer S. 9 - Jan Gustafsson
Zeichnungen: Annette Grandin
Repro und Druck: Abildgaard Grafisk, Dänemark

Titel der schwedischen Originalausgabe: Drömfångare och indianinspirerade smycken

ISBN der schwedischen Ausgabe: 91-534-2372-0
ICA bokförlag
S 721 85 Västerås
www.forlaget.ica.se/bok

Inhalt

Von Nordamerika nach Schweden

Das Handwerk der nordamerikanischen Indianer ist eine wunderbare Inspirationsquelle. Mit Leder, Perlen und Federn zu arbeiten, erweist sich als eine dankbare Bastelarbeit. Misserfolg ist fast ausgeschlossen und die Variationsmöglichkeiten sind unendlich. Mein Interesse wurde durch einen Kurs geweckt, in dem ich lernte, Traumfänger und Federschmuck zu basteln. Der Kursleiter war ein Sioux-Indianer aus South Dakota.

Nach dem Kurs folgte eine Zeit, die ausgefüllt war mit der Jagd auf Leder, gewachste synthetische Fäden und Federn. Binnen kurzem wurde ich zum Experten für die verschiedensten Arten von Federn und ihre Herkunft. Hühnerställe waren nicht nur mehr ein Platz, an dem Hühner wohnten, sondern wurden Goldgruben für meine Federnsuche. Besonders zu der Zeit, in der Hühner ihre Federn lassen.

Ich hoffe, dass dieses Buch Sie inspiriert und Ihre Schaffenslust weckt. Die Beschreibungen in diesem Band möchte ich in erster Linie als Vorschläge sehen. Wenn es darum geht, zu dekorieren oder verschiedene Farben zu mischen, gibt es kein Richtig oder Falsch. Meine Aufforderung ist: Verwenden Sie alles, was schön ist, und lassen Sie Ihrer Fantasie freien Lauf.

Ich möchte die Gelegenheit nützen, um meiner ständigen Begleiterin Susanne Fahlén meinen Dank auszusprechen. Wir haben zusammen den Traumfängerkurs besucht und unendlich viele Meter Fäden und Farbdosen verbraucht. Sie hat geduldig als Testpilotin für die Beschreibungen und Texte dieses Buches agiert. Zusammen mit Carina Grandin und Ann Segerström hat sie auch ihre handwerklichen Fähigkeiten und ihr Design einfließen lassen. Ihnen möchte ich für die im Buch enthaltene Vielfalt danken. Danke auch an Panduro Bastelbedarf in Västerås, die das Material zur Verfügung gestellt haben.

Die Legende der Traumfänger

Es gibt viele Legenden von Traumfängern und die unterschiedlichen Inhalte hängen vom jeweiligen Ursprung ab. Das Gemeinsame aller Legenden ist, dass Traumfänger auf verschiedenste Art und Weise vor Albträumen, Krankheiten und allem anderen Bösen schützen.

Nach den Chippewa - Indianern hängt man den Traumfänger über den Schlafplatz des Kindes, um es vor Albträumen zu beschützen. Die bösen Träume bleiben im Netz hängen und die guten erreichen das Kind durch das Loch. Die Albträume werden vernichtet, wenn die ersten Sonnenstrahlen am Morgen auf das Netz treffen.

Ursprünglich wurden die Chippewa - Traumfänger aus verschiedenen Materialien hergestellt. Welche verwendet wurden, hing davon ab, ob sie für ein Kind oder für einen Erwachsenen aufgehängt wurden. Für die Kinder wurden Trauerweide und Sehnen verwendet, was dazu führte, dass der Traumfänger auseinanderfiel, wenn das Holz getrocknet war. Das sollte das Veränderliche der Kindheit symbolisieren.

In gewissen Teilen Kanadas und im Nordosten der USA sind Traumfänger tropfenförmig.

Eine klassische Legende über Traumfänger lautet folgendermaßen: Uroma Spindel, die mit ihrem Gesang das Universum erschuf, verspürte Trauer über die Albträume der Menschenkinder. Sie suchte eine Trauerweide auf und fragte sie, ob sie einen ihrer schönen Äste haben könnte. Sie ging zum Adler und bat ihn um seine kraftvollen Federn. Dann bog sie den Ast der Trauerweide zu einem Kreis, um alle Menschen der Welt miteinander zu verbinden. Rund um den Ast der Trauerweide spann sie das Netz der Weisheit, das alle Albträume der Kinder auffangen sollte. Die Morgenstrahlen von Urgroßvater Sonne brannten die Albträume aus dem Gewebe. Alle Albträume, die noch vorhanden waren, wurden in Morgentau verwandelt. Diese Träume rannen langsam über die Federn und wurden der Erde übergeben.

Material

Leder

Leder gibt es in vielen Farben zu kaufen und die Stärke ist unterschiedlich, je nachdem von welchem Tier es stammt. Dickeres Leder passt am besten als Bodenplatte für eine Federhaarspange. Für Traumfänger und alle anderen Dekorationen sind dünnere Ledersorten die geeignetsten.

Lammleder ist leicht zu verarbeiten und normalerweise verwendet man die raue Seite außen, was einen lebendigen Effekt bewirkt. Wichtig ist, dass die Lederteile lang genug sind, um den ganzen Ring einzuwickeln.

Kaninchenfell verwendet man unter anderem, um Sprechstäbe zu dekorieren.

Federn

Federn haben für indianisch inspiriertes Handwerk eine große Bedeutung. Es gibt sie in unzähligen Varianten.

Geschäfte für Fischereizubehör sind ein Eldorado für diese Bastelarbeiten. Der Vorteil bei gekauften Federn ist, dass sie gegen Motten und Insekten behandelt sind.

Man kann genauso gut Federn verwenden, die man in der Natur findet. Sie muss man jedoch sehr sorgfältig behandeln. Geben Sie diese Federn in einen Sack und lassen Sie sie ein paar Tage in der Tiefkühltruhe. Nehmen Sie sie wieder heraus, lagern Sie sie ein paar Tage bei Zimmertemperatur und anschließend wieder einige Tage in der Tiefkühltruhe. Abschließend werden die Federn mit Geschirrspülmittel gewaschen. Es gibt noch gründlichere Konservierungsmethoden, aber die erwähnten reichen meistens.

Welche Federn Sie verwenden, hängt davon ab, was Sie damit basteln wollen. Braucht man große, harte Federn ohne Daunen, dann verwendet man Flügelfedern. Möchte man Traumfänger basteln, die luftig sind, mit viel Flaum, kann man zwei kleine Federn oder kleine Flügelfedern verwenden. Truthahn- und Straußenfedern sind auch flauschig.

Gefärbte Federn kann man in allen Nuancen kaufen, aber es gibt auch eine große Farbenvielfalt bei natürlichen Federn. Wenn Ihre Bastelarbeit bunt sein, es aber trotzdem natürlich wirken soll, dann verwenden Sie Fasanfedern.

Gewachste synthetische Fäden

Es handelt sich bei den verwendeten Fäden um gewachste synthetische Fäden. Dadurch, dass sie brennbar sind und schmelzen, kann man die Enden gut befestigen. Diese Fäden sind teilbar, wodurch sie sich besonders gut für die Herstellung von Ohrschmuck eignen.

Eine einfache und billigere Alternative ist gewachste Zahnseide, die auch brennbar ist.

EBERHARD FABER
FIMO
SOFT
"NO STRETCH"
NYLON BEADSTRING
SIZE #4
22 YARDS
folkArt
PLAID
Artists Quality

Ringe

Metallringe in verschiedenen Größen gibt es in den meisten Bastelgeschäften oder man stellt selbst einen Ring aus dem Ast einer Trauerweide oder eines Obstbaumes her.

Kleine Ringe können für Halsschmuck, Schlüsselringe, als Autodekorationen oder für Kinderwägen verwendet werden. Kreolen werden für Ohrschmuck verschiedenster Art genützt.

Außerdem gibt es auch Ohrfedern, Broschennadeln, Haarspangen u.v.m. in den Bastelgeschäften.

Perlen und andere Dekorationen

Die eigenen Traumfänger zu dekorieren, ist das Lustigste von allem und nur die Fantasie setzt einem hier die Grenzen. Durch die Dekoration bekommen die Traumfänger und die Schmuckstücke ihre „persönliche Note".

Holzkugeln und Holzperlen, natur oder bemalt, sind schön. Man kann auch Fimo-Perlen, Perlen aus Knochen (Geweihen) oder Halbedelsteinen verwenden. Warum nicht einen Zopf flechten aus der Mähne Ihres Lieblingspferdes? Der große Traumfänger auf Seite 15 wurde mit einer Vogelkralle dekoriert.

Für Perlengewebe und Figuren passen am besten so genannte Rocailles-Perlen. Diese Glasperlen haben ca. 2 mm Durchmesser. Man kann selbstverständlich verschiedene Arten und Größen verwenden. Hier muss man einfach ausprobieren. Ein solches Gewebe kann man auch aus Stiftperlen und größeren Schmucksteinen herstellen.

Farben

Um auf Leder und auf Perlen malen zu können, benötigen Sie eine deckende Bastelfarbe. Helle Farben muss man mindestens zweimal auftragen, um einen guten Effekt zu erzielen. Matt oder glänzend ist Geschmackssache.

Kleber

Verwenden Sie einen Hobbykleber, der für Leder geeignet ist und beim Trocknen transparent wird. Probieren Sie den Kleber auf einem Lederstück aus, bevor Sie beginnen, an einem Schmuckstück oder Traumfänger zu arbeiten.

Traumfänger

Traumfänger aus lederbezogenen Metallringen

Traumfänger werden in drei Schritten gemacht. Als Erstes wird der Ring mit Leder bezogen und eventuell mit einem Muster bemalt. Dann wird das Netz geknüpft und zum Schluss dekoriert man den Traumfänger.

Die folgende Anleitung ist für einen Metallring mit 12,5 cm Durchmesser.

MATERIAL:

Metallring
Leder
Faden
Sticknadel
Ledernadel
Holzperlen
Farbe
Federn
Kleber
Bambusstäbe
Feuerzeug
Zange

RING ÜBERZIEHEN

1. Schneiden Sie 50 cm lange und 15 cm breite Lederstreifen. (Maße für andere Ringgrößen siehe Seite 19)

2. Bevor Sie den Ring überziehen, müssen Sie Nadel und einen gewachsten synthetischen Faden vorbereiten, um die Lederstreifen zusammenzunähen. Fädeln Sie den Faden in die Ledernadel ein und sengen Sie mit dem Feuerzeug ein Ende des Fadens an, um einen Knoten zu bekommen.

3. Wickeln Sie das Leder Kante an Kante um den Ring. Befestigen Sie die erste Schicht mit einer Klammer und halten Sie den Lederstreifen vorsichtig gespannt. Sie müssen das so einteilen, dass das Leder den ganzen Ring bedecken kann.

4. Schneiden Sie das überschüssige Leder ab, sodass Anfang und Ende des Lederstreifens Kante an Kante liegen, und nähen Sie den Anfang und das Ende mit einem Faden zusammen. Verwenden Sie eine Zange, damit Sie die Nadel leichter durch das Leder ziehen können. Sengen Sie den abgeschnittenen Faden ab und drücken Sie den geschmolzenen Faden mit der Rückseite des Feuerzeuges gegen das Leder, damit er ordentlich hält.

BEMALUNG

Wenn Sie den Traumfänger bemalen möchten, müssen Sie das tun, bevor Sie das Netz knüpfen. Verwenden Sie deckende Farben. Lassen Sie die Farben ordentlich trocknen, bevor Sie das Netz knüpfen.

DAS NETZ

1. Messen Sie ca. 2,5 m Faden ab (Maße für andere Ringgrößen siehe Seite 19). Befestigen Sie den Faden dort, wo das Leder zusammengefügt ist, und zwar so, wie bei Punkt 4 auf Seite 11 beschrieben. Versichern Sie sich, dass der Faden ordentlich befestigt ist.

2. Faden in eine Sticknadel einfädeln. Wickeln Sie den Faden ca. 2,5 cm vom Anfang des Ringes einmal um den Ring und spannen Sie ihn. Machen Sie diese Schlingen rund um den ganzen Ring, ohne Knoten dazwischen zu setzen. Je enger man diese Schlingen setzt, desto enger wird das Netz (und desto mehr Faden benötigt man).

3. Wenn die erste Reihe fertig ist, machen Sie die Schlingen der zweite Reihe in die Schlingen der ersten Reihe. Sie müssen darauf achten, dass Sie den Faden so unter Spannung halten, dass das Netz gleichmäßig gespannt wird.

4. Machen Sie auf diese Art weiter, bis der Ring gefüllt ist und ein Loch von ca. 1,5 cm im Durchmesser übrig bleibt.

5. Wenn das Loch in der Mitte die gewünschte Größe erreicht hat, schneiden Sie den Faden so ab, dass 3 mm überbleiben. Befestigen Sie den Faden, indem Sie ihn sehr vorsichtig mit dem Feuerzeug absengen. Wenn Sie mit dem Feuer zu nahe ans Netz kommen, schmilzt das ganze Netz.

PERLEN BEMALEN

Holzperlen bemalen geht am leichtesten, wenn Sie sie auf Holzspieße (wie zum Grillen) auffädeln. Bemalen Sie die Perlen zuerst mit der Grundfarbe und lassen Sie sie trocknen. Danach malen Sie das gewünschte Muster.

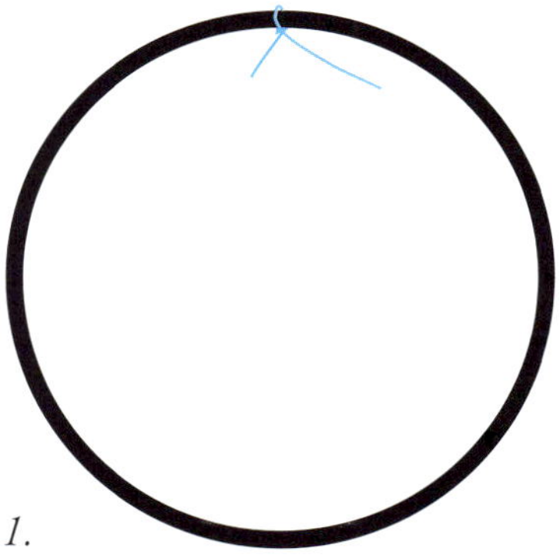

1.

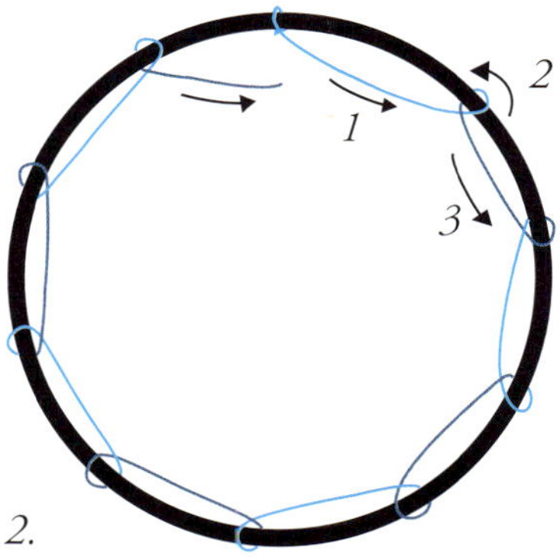

2.

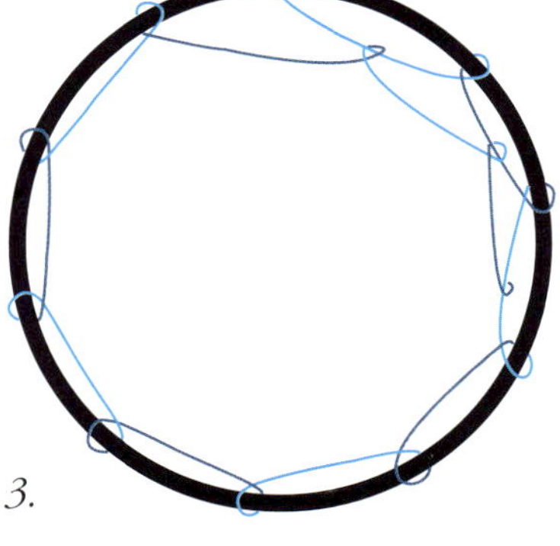

3.

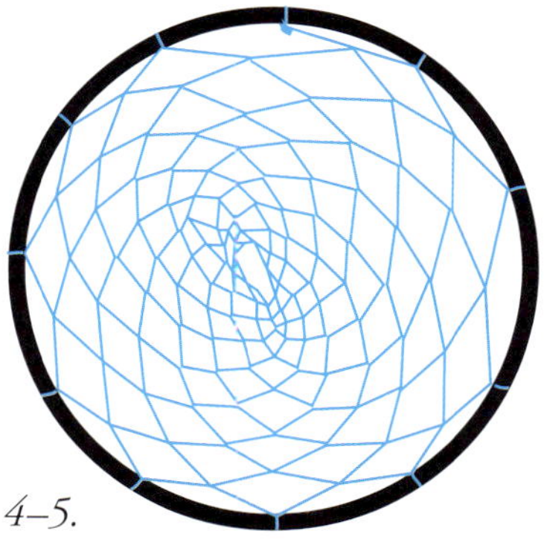

4–5.

DEN TRAUMFÄNGER DEKORIEREN

1. Schneiden Sie fünf ca. 1 cm breite und 15 – 20 cm lange Lederstreifen zu.

2. Falten Sie das eine Ende jedes Streifens ca. 2 cm ein und schneiden Sie in den Bug ein V aus. Falten Sie es wieder auf und runden Sie das Ende ab.

3. Legen Sie den Lederstreifen hinter den Ring (a), fädeln Sie das untere Ende durch das Loch und ziehen Sie den Streifen vorsichtig durch (b).

4. Schneiden Sie Fransen in den Lederstreifen, entweder bis zur Ringkante oder nur über eine gewisse Länge.

5. Fädeln Sie Perlen auf und stecken Sie in die Löcher der Perlen Federn. Es kann sein, dass Sie die Federkiele anspitzen müssen, damit sie in die Löcher passen. Streichen Sie auf die Kiele etwas Kleber, bevor Sie sie in die Perlen stecken.

1–2.

3a.

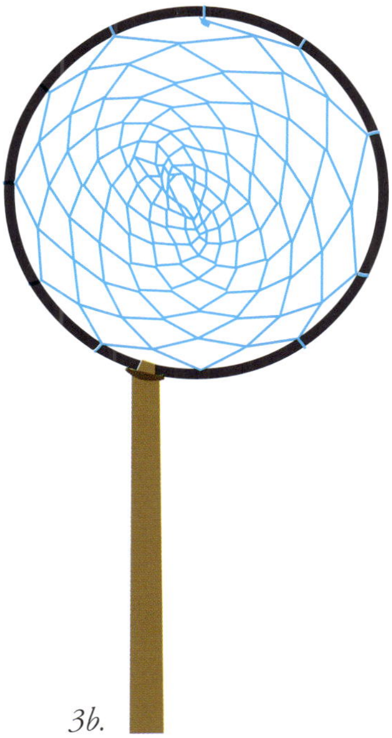

3b.

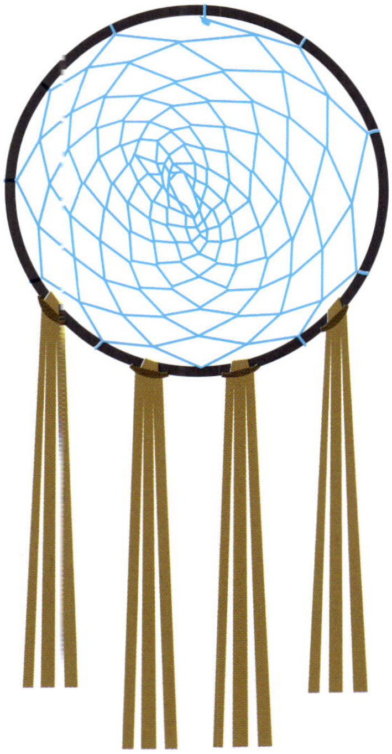

4.

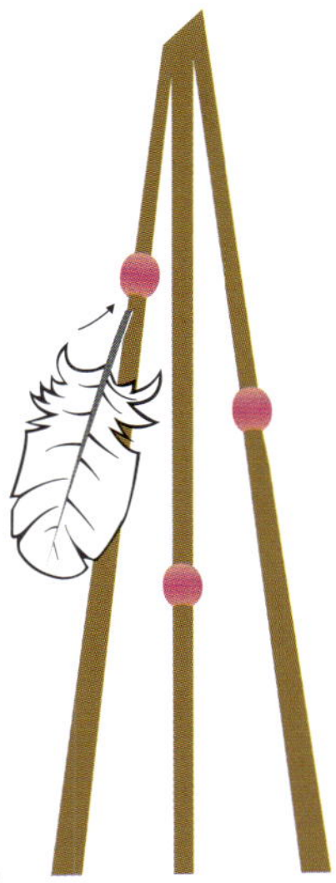

5.

Traumfänger mit gemaltem Bild

1. Machen Sie einen Traumfänger nach der Beschreibung auf Seite 11. Messen Sie ab, wie groß das Lederteil sein soll, auf dem das Bild gemalt wird.

2. Knüpfen Sie das Netz, bis das Loch für das bemalte Lederstück die richtige Größe hat.

3. Pausen Sie das Muster des Bildes auf ein Butterpapier durch und übertragen Sie es auf das Lederstück. Malen Sie den ganzen Vogel außer den Füßen und dem Schnabel weiß. Lassen Sie das Bild trocknen.

4. Malen Sie die Konturen schwarz und die Muster in Schwarz und Grün. Lassen Sie es trocknen.

5. Befestigen Sie das Bild mit Faden und Ledernadel im Netz. Umnähen Sie den Lederrand und nähen Sie das Lederstück in regelmäßigen Abständen im Netz an. Der Faden wird durch Absengen fixiert.

6. Dekorieren Sie den Bild-Traumfänger auf die gleiche Art wie den gewöhnlichen Traumfänger.

Traumfänger aus einem Baumast

1. Nehmen Sie z.B. einen Ast einer Trauerweide. Biegen Sie ihn zu einem Kreis oder tropfenförmig. Knüpfen Sie den Ast mit einem Faden zusammen.

2. Knüpfen Sie das Netz genauso wie bei einem lederbezogenen Traumfänger und dekorieren Sie es.

TIPPS

- Befestigen Sie Federn wie bei Haarspangen, d. h. mit Leder (siehe Seite 25).
- Fädeln Sie während des Knüpfens Perlen ins Netz.
- Bringen Sie eine oder mehrere Federn im Netz an.

Wie man Muster auf Traumfänger malt

Wenn Sie Muster malen, ist es wichtig, dass Sie die Farbe zwischen den einzelnen Schritten trocknen lassen.

MUSTER I

1. Beginnen Sie mit den weißen Feldern.
2. Malen Sie die blauen Felder. Die oberen und unteren Streifen im Muster werden rund um den Ring gemalt.
3. Ziehen Sie die Konturen mit Schwarz nach.

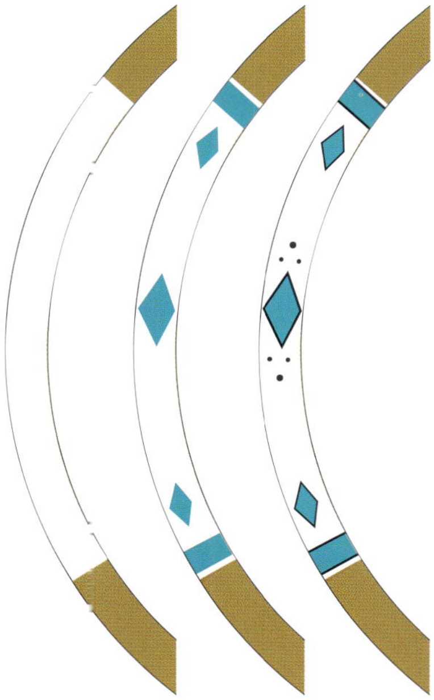

BLAUE PERLEN

1. Malen Sie die ganze Perle weiß.
2. Bemalen Sie die eine Hälfte blau.
3. Malen Sie einen breiten schwarzen Streifen rund um die Perle.
4. Malen Sie weiße Punkte in den schwarzen Streifen.

MUSTER 2

1. Fangen Sie mit den weißen Feldern an.
2. Malen Sie die grünen Felder nur auf die Vorderseite.
3. Malen Sie die Zacken braun und machen Sie in jedes weiße Dreieck einen braunen Punkt.
4. In die braunen Punkte setzen Sie einen orangenen Tupfen, sodass dieser braun umrandet ist.

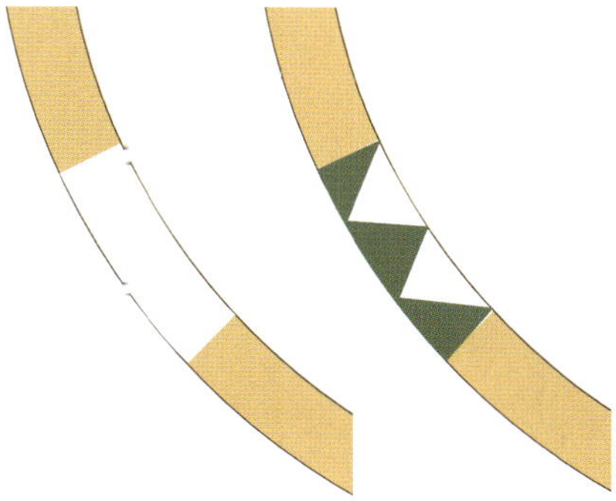

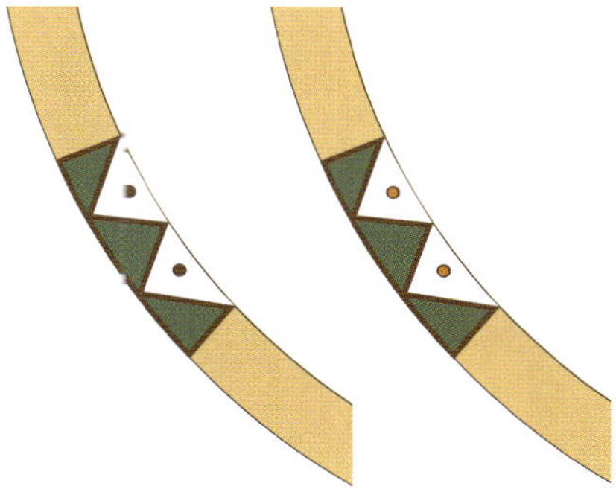

GRÜNE PERLEN

1. Malen Sie die ganze Perle grün.
2. Malen Sie einen breiten weißen Streifen um die Perle.
3. Malen Sie gelbe Dreiecke in den weißen Streifen.
4. Malen Sie braune Konturen zwischen die weißen und gelben Dreiecke.

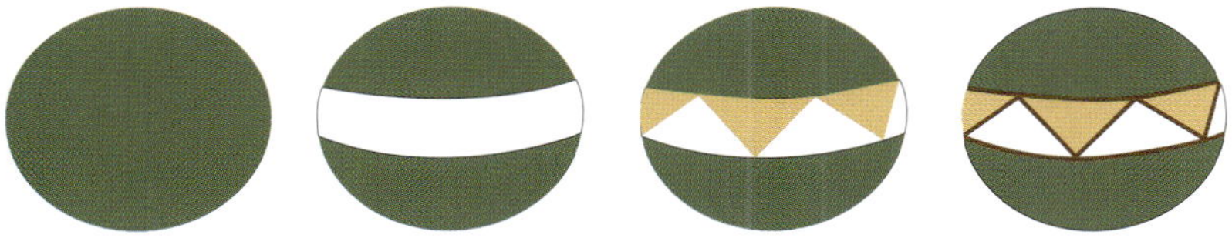

MATERIALBEDARF FÜR TRAUMFÄNGER

Ring	*Streifenbreite*	*Streifenlänge*	*Fadenlänge*
15,5 cm	*15 mm*	*60 cm*	*4 m*
12,5 cm	*15 mm*	*50 cm*	*2,5 m*
10 cm	*10 mm*	*40 cm*	*2 m*
Halsketten und Schlüsselringe			
4 cm	*7–8 mm*	*25 cm*	*90 cm*
3 cm	*5 mm*	*20 cm*	*70 cm*
Ohrringe			
	5 mm	*20 cm*	*70 cm*

Der Faden ist für einen Traumfänger mit ca. 9 Schlingen in der ersten Netzreihe berechnet.

Denken Sie daran:

- *Je schmäler die Lederstreifen sind, desto länger müssen sie sein und umgekehrt.*
- *Je enger das Netz geknüpft wird, desto mehr Faden benötigen Sie.*

Variationen

Der unten abgebildete Traumfänger ist von den alten Ägyptern inspiriert und seine Dekoration ist sparsam. Statt der hängenden Federn unter dem Ring ist nur eine Ara-Feder mit drei golden bemalten Holzperlen am Loch befestigt. Die hängenden Lederstreifen sind nur mit Farbe verziert.

Die beiden Traumfänger links auf Seite 21 haben ein Netz mit weniger Schlingen, wodurch es wie eine Blume wirkt. In das Netz sind viele Glasperlen eingewebt, die Tautropfen symbolisieren. Beide Traumfänger sind reichlich mit Federn in verschiedenen Farben dekoriert. Was sie von den anderen unterscheidet, ist die Länge der Lederstreifen, die den Gesamteindruck beeinflusst.

Der Traumfänger oben rechts hat seinen Charakter durch die Muster auf dem Ring und den Perlen erhalten. Das Netz ist ohne Dekoration.

Der Traumfänger rechts unten ist unbemalt. Hier wurden stattdessen farbstarke Plastikperlen und zwei Schichten flauschige Federn als Dekoration verwendet. Bei den Federn im Netz sind die Kiele mit Leder überzogen.

Haarspangen und Broschen aus Federn

MATERIAL:
Leder, grob oder weich
Federn
Ledernadel
Fimo
Faden
Haarspange oder Broschennadel
Kleber

Dieser Federschmuck wird mit der Schicht-auf-Schicht-Methode aufgebaut. Als Boden dient eine Lederplatte, auf die die Federn geklebt werden. Indem sie in verschiedenen Farben und Formen Schicht auf Schicht gelegt werden, wächst eine blumenähnliche Pyramide. Das eignet sich für Haarschmuck und für Broschen.

Die flauschigen Teile der Federn werden weggeschnitten, bevor man sie festklebt. Sonst würde der Schmuck in der Mitte zu dick. Auf dem Dekorationsleder ist es effektvoller, wenn man den flauschigen Teil der Feder dranlässt.

1. Schneiden Sie eine runde Lederplatte in passender Größe für die Haarspange oder die Broschennadel zu. Das Leder soll die ganze Nadel oder Spange bedecken und einige Millimeter darüberstehen.

2. Schneiden Sie den flauschigen Teil der Federn weg, die als erste Schicht verwendet werden sollen. Hier passen am besten Federn mit runden oder eckigen Spitzen. Arbeiten Sie auf der rauen Seite des Leders. Bestreichen Sie das Leder mit einem Klebstoffring ca. 5 mm von der Lederkante entfernt und kleben Sie die Federn so darauf, dass ca. 5 mm der Federspitzen über die Lederkante stehen. Tragen Sie noch einen Streifen Kleber auf und befestigen Sie noch ein oder zwei Schichten ähnliche Federn. Legen Sie das Schmuckstück zur Seite und lassen Sie den Kleber gut trocknen.

3. Legen Sie eine Schicht mit 5 bis 8 langen, spitzen Federn in einer Farbe, die sich von der Grundfarbe abhebt. 5 bis 8 Federn sind genug, weil diese Schicht nicht den ganzen Schmuck bedecken soll. Lassen Sie den Kleber trocknen.

4. Kleben Sie eine Schicht Federn, die die Mitte der Platte bedeckt. Hier passen am besten Federn mit runden oder kantigen Spitzen, gemustert oder mit kräftigen Farben. Lassen Sie den Kleber trocknen, bevor Sie die nächste Schicht kleben.

5. Legen Sie noch eine Schicht mit ca. 5 bis 8 spitzen Federn, die so ausgewählt sind, dass sie den Effekt noch verstärken. Diese Schicht soll die Platte nicht bedecken, sondern die darunter liegenden Federn sollen deutlich sichtbar bleiben.

6. In der Mitte befestigt man ganz kleine Federn in einer Kontrastfarbe. Lassen Sie alles gut trocknen, bevor Sie den Dekorationsanhänger befestigen.

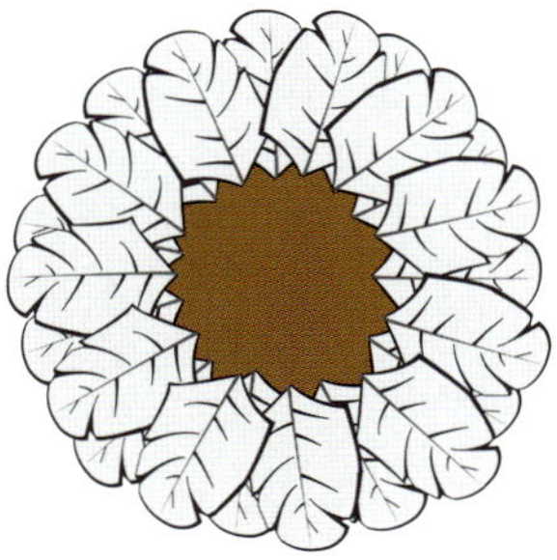
2.

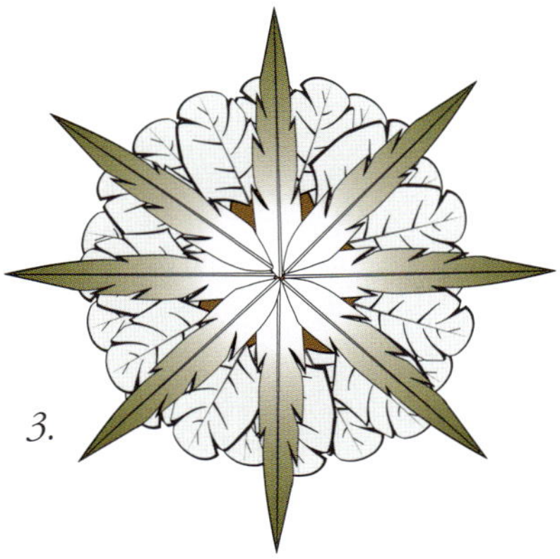
3.

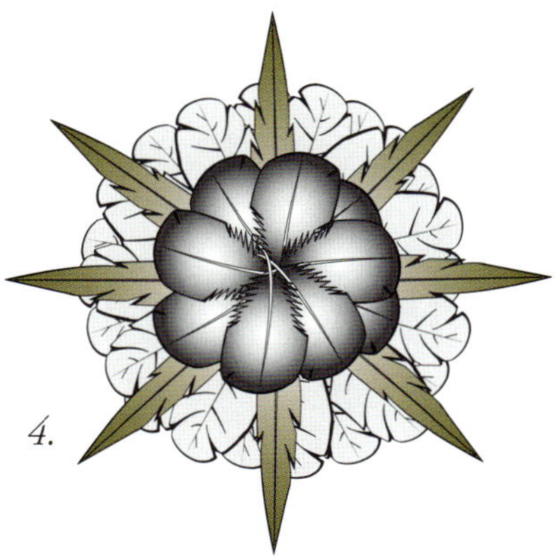
4.

5.

6.

Dekorationsanhänger

Man verwendet Lederstreifen, z.B. in zwei verschiedenen Farben. Der obere Lederstreifen bekommt Federdekorationen und der untere wird in dünnere Streifen geschnitten. Am besten sieht es bei diesem Dekorationsanhänger aus, wenn die Federn die gleiche Farbe haben wie die im Haarschmuck.

1. Schneiden Sie ca. 1 cm breite und ca. 20 cm lange Lederstreifen in zwei verschiedenen, zusammenpassenden Farben zu. Das untere Teil soll in zwei Streifen geschnitten werden, wobei man oben 3 cm ganz lässt.

Das obere Teil, das die Federdekoration bekommt, wird in drei Streifen geschnitten, auch hier werden die oberen 3 cm ganz gelassen. Schneiden Sie den oberen Teil der Lederstreifen rund.

2. Kleben Sie lange, spitze Federn auf die Lederstreifen, wobei Sie den Flaum auf den Federn belassen. Wählen Sie Bodenfedern in einer Kontrastfarbe zu der Farbe der darauf liegenden Federn.

3. – 5. Befestigen Sie ähnliche Federn wie im Haarschmuck, die größeren Federn zuerst und die kleineren zum Schluss. Lassen Sie den Kleber trocknen.

6. Schneiden Sie ein Lederstück zu, das ausreichend groß ist, um die Federn und den Lederstreifen zu umwickeln. Das Lederstück soll auf der Rückseite überlappen, kleben Sie es fest und lassen Sie es ordentlich trocknen.

7. Formen Sie eine Kugel aus Fimo, ca. 0,5 cm im Durchmesser. Drücken Sie sie platt und machen Sie in der Mitte eine Erhöhung. Drücken Sie in die Mitte ein Loch. Um die Fimokugel zu härten, folgen Sie den Anweisungen auf der Packung.

8. Der Lederstreifen ohne Federdekoration wird auf der Bodenplatte des Haarschmucks mit Faden und Ledernadel angenäht. Befestigen Sie den Faden auf der Rückseite der Lederplatte, indem Sie ihn absengen, damit ein Knoten entsteht. Siehe Bild Seite 11.

1.

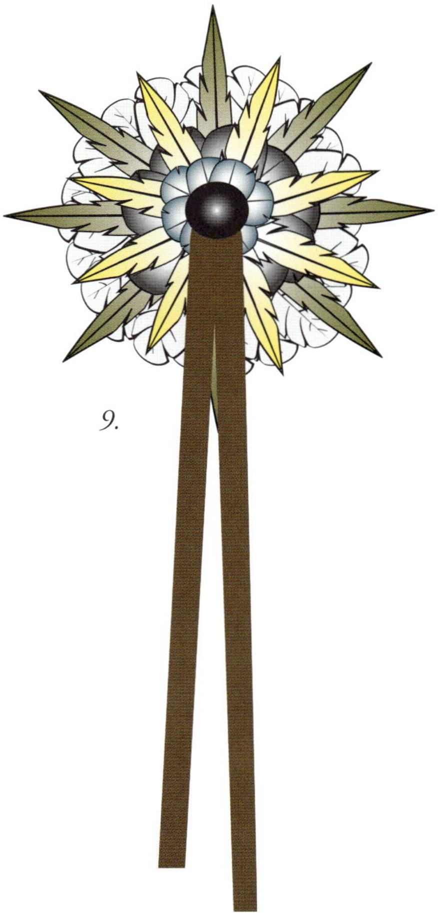

9.

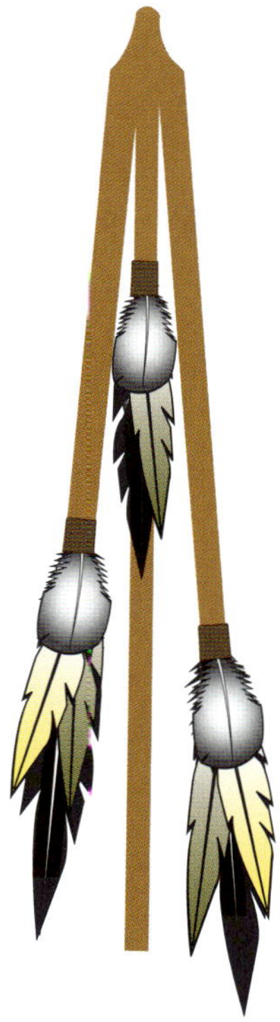

9. Befestigen Sie den Fimoknopf mit Superkleber ganz oben auf dem Lederstreifen. Schneiden Sie den oberen Teil des Lederstreifens mit den Federn ein bisschen spitz zu und kleben Sie ihn auf dem Fimoknopf fest, stopfen Sie die Spitze des Lederstreifens in das Loch des Fimoknopfes.

Hier könnten Sie statt des Fimoknopfes auch schöne Steine verwenden. Wenn Sie diese Möglichkeit wählen, so nähen Sie beide Lederstreifen an und kleben den Stein oben mit Superkleber darauf.

10. Kleben Sie die Haarspange/Broschennadel auf den Federschmuck.

TIPPS

Soll der Haarschmuck von einer blonden Person getragen werden, so wirkt er am besten, wenn die Grundschicht mit dunklen Federn gelegt wird und umgekehrt.

Sprechstab – „talking stick"

Es kommt sehr oft vor, dass man sich im Gespräch gegenseitig unterbricht und vergisst zuzuhören. Ein Sprechstab, *„talking stick"*, kann in verschiedenen Gesprächsgruppen verwendet werden. Derjenige, der den Sprechstab in der Hand hält, hat das Wort. Die anderen dürfen nicht unterbrechen und müssen zuhören.

1. Verwenden Sie einen passenden Stab von ca. 20 cm Länge, der angenehm in der Hand liegt. Äste werden weggeschnitten und raue Stellen abgeschliffen.

2. Schneiden Sie zwei Pelzstücke zu, ca. 4 cm breit und so lang, dass sie um den Stab passen, sie dürfen etwas überlappen. Die Pelzstücke werden mit der Fellseite nach außen und „mit dem Strich" an den Enden des Stabes angeklebt. Lassen Sie einen Teil der Stabenden für andere Dekorationen frei.

3. Schneiden Sie einen Lederstreifen zu, ca. 1,5 cm breit und so lang, dass Sie ihn um den ganzen Stab wickeln können. Schneiden Sie das Ende des Lederstreifens etwas schräg und kleben Sie es knapp über dem Pelzrand fest.

4. Das Mittelstück des Stabes wird mit Kleber bestrichen und der Lederstreifen wird überlappend herumgewickelt. Schließen Sie damit ab, dass der Lederstreifen am Pelz anliegt, und schneiden Sie das Ende wieder schräg ab.

MATERIAL:

Holzstab
Pelz, z.B. von Kaninchen
Leder
Federn
Kleber
Holzperlen oder Plastikperlen

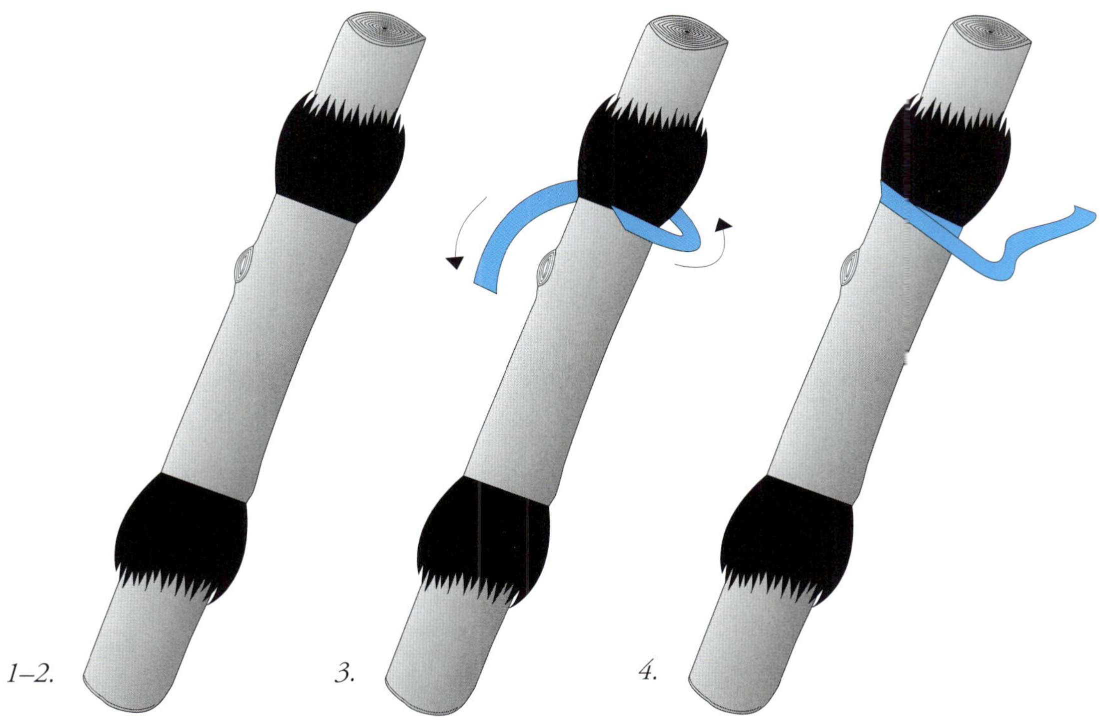

Dekorationen

1. Schneiden Sie zwei Lederstreifen zu, 5 cm breit und 20 cm lang. Kleben Sie die Streifen rund um die Enden des Stabes an, sodass die Lederstreifen überlappen.

2. Schneiden Sie die Streifen in zwei Teile. Nehmen Sie eine große harte Feder und bestreichen Sie den Kiel mit Kleber. Nehmen Sie etwas kleinere Dekorationsfedern in einer Farbe, die sich von der der Grundfeder abhebt. Schneiden Sie den Kiel der Federn ab. Befestigen Sie diese an der Oberseite der Grundfeder. Kleben Sie noch zwei kleinere Federn darauf und lassen Sie das Ganze trocknen.

3. Wenn der Kleber trocken ist, wird der Kiel schräg abgeschnitten, sodass er lang und schmal wird. Befestigen Sie die Lederstreifen auf die gleiche Art wie die Lederdekoration der Haarspangen. Siehe Seite 25.

4. Dekorieren Sie den Rest der Streifen, z.B. mit Perlen. Lassen Sie den Kleber ordentlich trocknen.

TIPPS

Um den Stab zu variieren, kann man die Lederstreifen mit den Federn flechten, siehe Bild links.

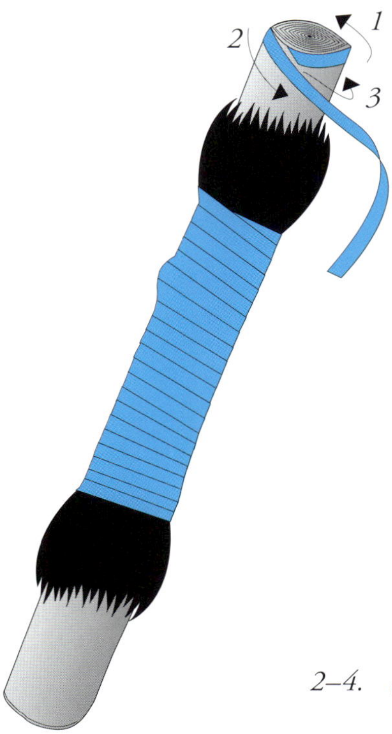

1.

2–4.

Traumfängerschmuck

Traumfängerohrgehänge mit Federn

1. Beziehen Sie die Kreolen mit Leder. Die Lederstreifen sollen 20 cm lang und 5 mm breit sein.

2. Knüpfen Sie das Netz wie bei den Traumfängern, siehe Seite 12. Hier werden ca. 70 cm Faden benötigt. Wenn der Faden teilbar ist, reicht ein Viertel des Fadens.

3. Suchen Sie passende Federn aus, fangen Sie mit der längsten Feder an und legen Sie die kleineren Schicht für Schicht darauf. Es wird dieselbe Technik verwendet wie bei der Dekoration der Federhaarspangen, siehe Seite 25. Damit Sie Perlen auf den Kiel fädeln können, müssen Sie einen Teil des Flaumes wegschneiden. Nehmen Sie den Flaum und ziehen Sie ihn nach oben, damit ein Teil des Kieles mitgeht. Machen Sie das Gleiche auf der anderen Seite der Feder.

4. Knüpfen Sie einen dünnen Faden um den Kiel, genau dort, wo der Flaum aufhört. Fädeln Sie den Faden durch die Perlen und führen Sie den Kiel gemeinsam mit dem Faden durch die Perlen.

5. Das Ganze wird im Netz befestigt, indem Sie mit dem Faden zwischen den Perlen und rund um den Federkiel eine Naht legen. Vernähen Sie den Faden ordentlich. Wenn die Federkiele über die Perlen stehen, schneiden Sie sie ab.

MATERIAL:

Kreolen	*Ledernadel*
Ohrfedern	*Federn*
Leder	*Perlen (kleine)*
Faden	
Sticknadel	*Kleber*

TIPPS

Man kann auch Ohrschmuck ohne den kleinen Traumfänger, nur mit Federanhänger und Perlen machen.

1.–2.

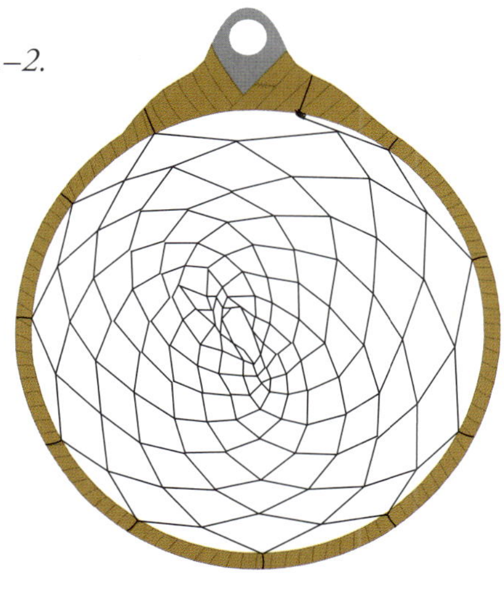

3.–4.

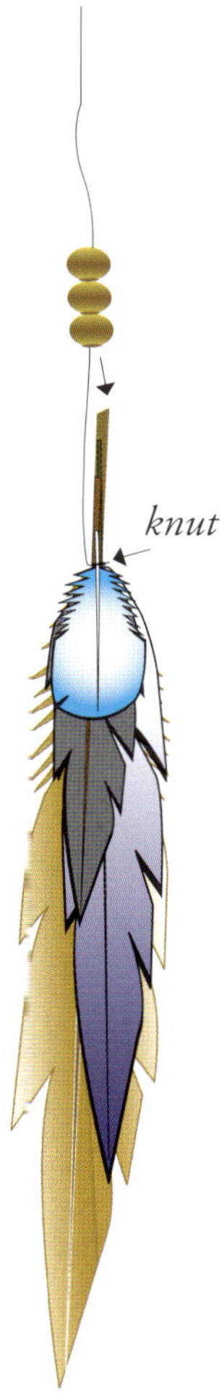

Traumfängerohrgehänge mit Lederanhänger

1. Beziehen Sie die Kreolen mit Leder und knüpfen Sie das Netz wie auf Seite 12.

2. Schneiden Sie ungefähr 40 cm lange und 1,5 cm breite Lederstreifen. Legen Sie das Leder doppelt zusammen und schneiden Sie ein V in das Leder (siehe Traumfänger Seite 13).

3. Befestigen Sie das Leder, indem Sie den Lederstreifen über den Ring hängen und das andere Ende des Lederstreifens durch das Loch ziehen.

4. Geben Sie einen Klecks Kleber ganz oben zwischen die Lederstreifen, damit sie ordentlich aneinander befestigt werden.

5. Teilen Sie den vorderen Lederstreifen in drei Teile. Schneiden Sie die drei Streifen in unterschiedlichen Längen ab. Den ersten 6 cm vom Ring, den mittleren 10 cm und den letzten 3,5 cm vom Ring. Dekorieren Sie die Streifen mit Federn wie bei den Federhaarspangen, siehe Seite 25.

6. Den hinteren Streifen schneiden Sie in 4 – 5 Fransen.

MATERIAL:

Kreolen
Ohrfedern
Leder
Faden
Sticknadel
Ledernadel
Federn
Kleber

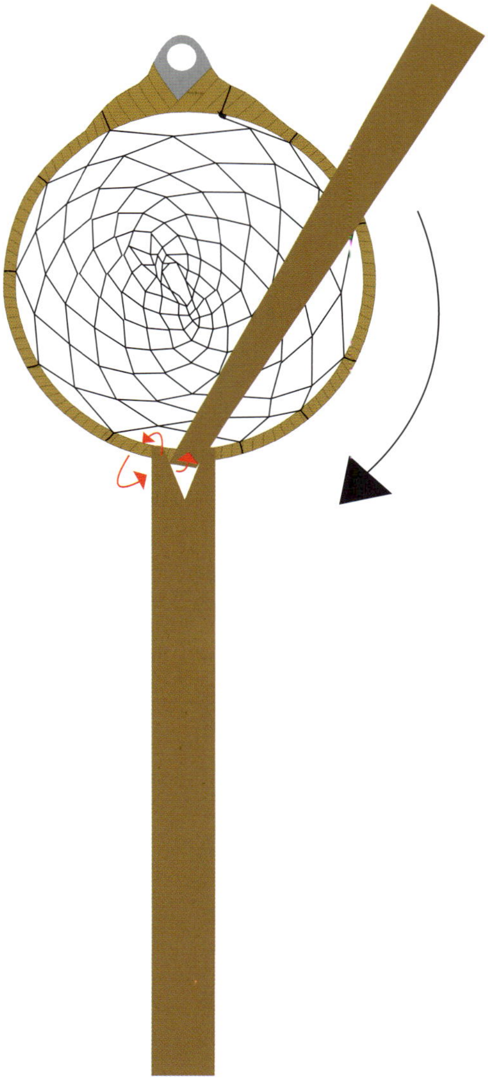

Traumfängerohrgehänge mit Perlenbehang

1. Beziehen Sie die Kreolen mit Leder und knüpfen Sie das Netz wie auf Seite 12.

2. Schneiden Sie sieben ca. 10 cm lange Fäden. Machen Sie an einem Ende einen Doppelknoten. Fädeln Sie die Perlen auf, die ganz unten hängen sollen. Sengen Sie den Knoten ab, sodass er so groß wird, dass die Perle am Platz bleibt.

3. Fädeln Sie die Perlen auf jedem Faden nach dem Farbschema unten auf. Lassen Sie so viel Faden über, dass Sie die Perlenfäden am Ring befestigen können.

4. Knüpfen Sie die Perlenfäden gleichmäßig verteilt in den unteren Teil der bezogenen Kreole. Befestigen Sie sie sorgfältig mit doppelten Knoten und sengen Sie die Fäden ab.

MATERIAL:

Kreolen
Ohrfedern
Leder
Faden
Sticknadel
Ledernadel
Federn
Perlen (kleine)
Kleber

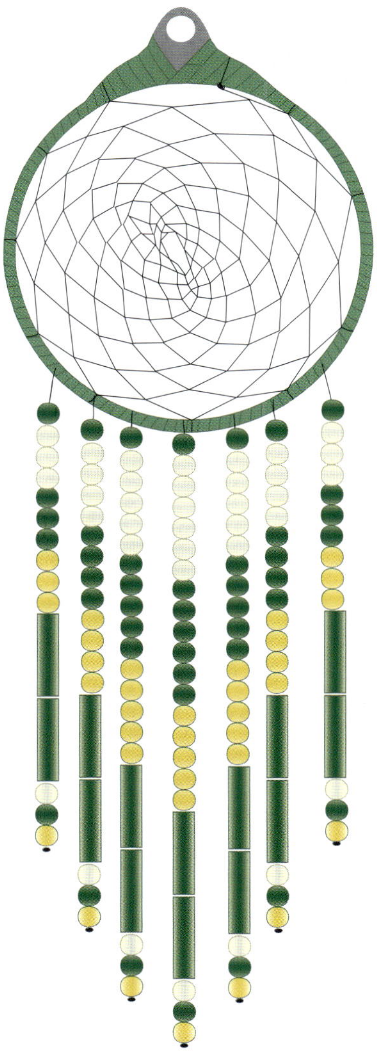

Traumfänger-Halsketten

1. Beziehen Sie den Ring und knüpfen Sie das Netz wie bei einem Traumfänger. Für einen 4 cm großen Traumfänger braucht man einen 25 cm langen und ca. 7 mm breiten Lederstreifen und ungefähr 90 cm Faden. Für andere Größen siehe Tabelle auf Seite 19.

2. Suchen Sie passende Federn aus, fangen Sie mit den längsten Federn an und legen Sie die Federn Schicht auf Schicht. Verwenden Sie die gleiche Technik wie bei den Dekorationen für die Federhaarspangen. Siehe Seite 25.

3. Nähen Sie die Federn zusammen mit den Perlen fest, genauso wie beim Traumfängerohrgehänge, siehe Seite 31. Verwenden Sie in diesem Fall größere Perlen, z.B. mit 3 – 4 mm Durchmesser.

4. Für die Halskette verwenden Sie einen 80 cm langen runden Lederriemen. Falten Sie den Lederriemen doppelt, legen Sie die Schleife um den Ring und ziehen Sie sie fest. Knoten Sie den Lederriemen in der gewünschten Länge zusammen.

MATERIAL:

Metallring, 3–4 cm
Leder
Faden
Sticknadel
Ledernadel
Perlen
Farbe
Federn
Klebstoff
Lederriemen, rund bzw. Schlüsselring

TIPPS

Die Halskette kann auf die gleiche Art dekoriert werden wie ein großer Traumfänger, mit Federn auf Lederstreifen, oder auf die gleiche Art wie der Schlüsselring.

Schlüsselring

1. Das Lederband soll 5 mm breit und ca. 20 cm lang sein. Beziehen Sie den Ring und knüpfen Sie das Netz wie bei der Halskette.

2. Um den Schlüsselring zu befestigen, braucht man einen ca. 6,5 cm langen und 6 mm breiten Lederstreifen. Falten Sie den Streifen um den Traumfängerring bei der Nahtstelle des Lederbezuges. Kleben Sie ca. 0,5 cm vom Lederband auf der Rückseite fest. Befestigen Sie das andere Ende des Lederstreifens auf die gleiche Art am Schlüsselring.

3. Schneiden Sie zwei Lederstreifen, 5 mm breit x 2 cm lang. Legen Sie diese um die Klebestellen beim Befestigungsstreifen zwischen Traumfänger und Schlüsselring.

4. Für die Dekoration brauchen Sie einen Lederstreifen, der ca. 6,5 cm lang und 6 mm breit ist. Befestigen Sie ihn, wie in Punkt 2 beschrieben.

5. Schneiden Sie einen Lederstreifen 5 mm x 2 cm zu und befestigen Sie ihn rund um das Dekorationsleder, wie in Punkt 3 beschrieben.

6. Perlen werden eventuell bemalt.

7. Schneiden Sie das Leder in drei gleichmäßige Streifen, aber nicht bis ganz oben und fädeln Sie die Perlen auf.

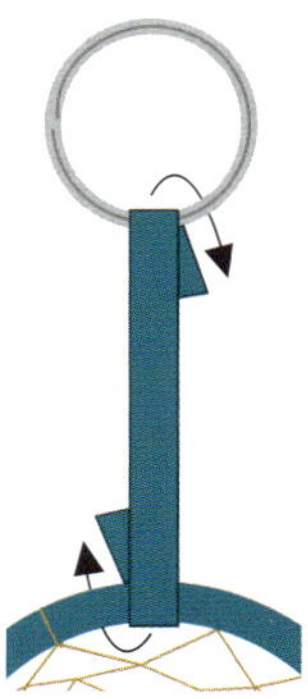
2.

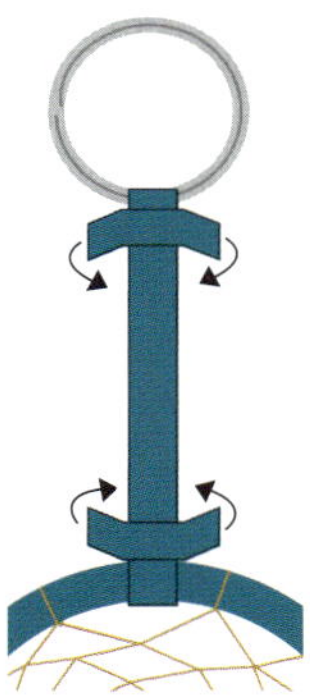
3.

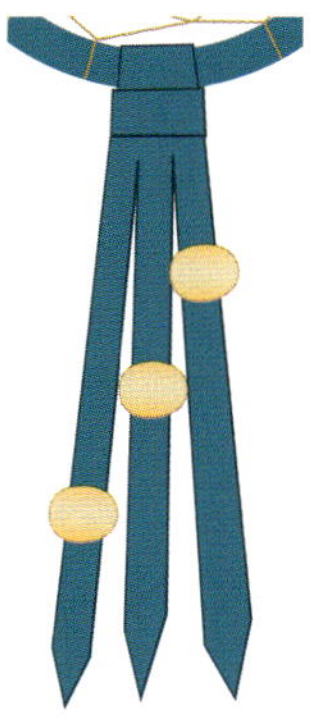
4–7.

Perlenschmuck

Mit Perlen weben

Webrahmen können Sie in einem Bastelgeschäft kaufen. Der Rahmen kann für schmale und breite Webarbeiten verwendet werden.

KETTE AUFSETZEN

Die Variante unten ist ein Gewebe mit sieben Perlen. Das passt zum Beispiel gut für Arm- und Halsbänder.

1. Messen Sie vier Kettenfäden mit 1 m Länge ab. Nehmen Sie die Fäden doppelt und befestigen Sie sie rund um das Holzstück auf der Vorderseite des Webrahmens, indem Sie die offenen Enden durch die entstandene Schlinge ziehen und festziehen. Siehe Zeichnung Nr. 1.

2. Legen Sie die Fäden einzeln in die Kerben nebeneinander, spannen Sie sie bis zum hinteren Teil des Rahmens und machen sie dort dasselbe. Wickeln Sie die offenen Fadenenden um die Holzschraube, stecken Sie die Schraube ins Loch und drehen Sie so lange, bis die Fäden fest gespannt sind. Siehe Foto unten.

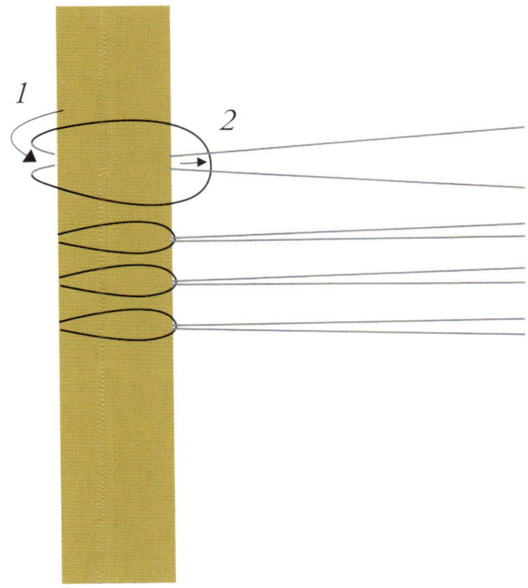

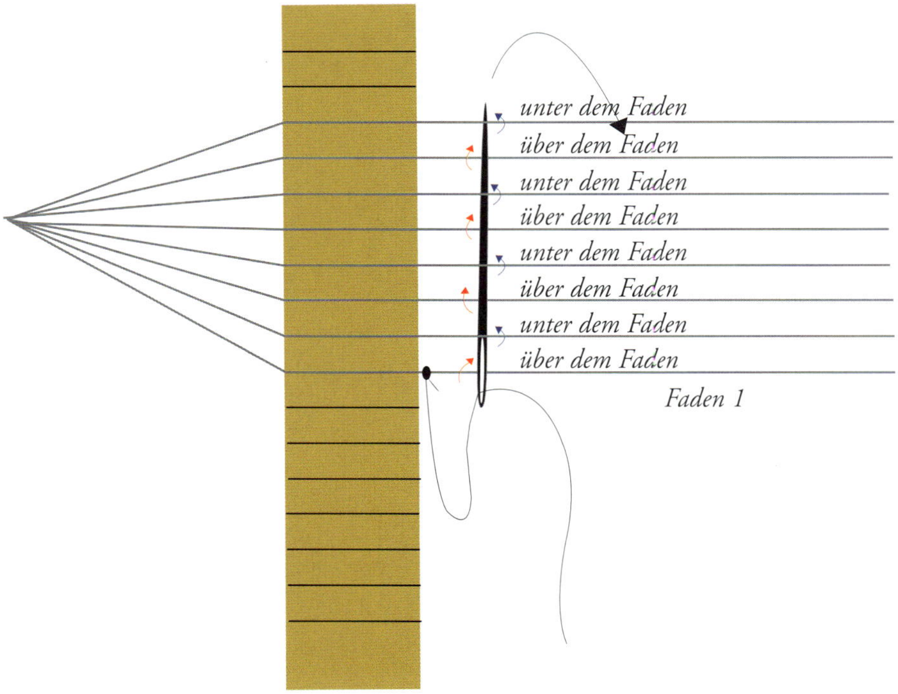

SO WEBEN SIE

1. Nehmen Sie einen ca. 1,5 m langen Faden. Knoten Sie diesen mit einem Doppelknoten am Faden 1 (siehe Zeichnung) fest. Nehmen Sie den Faden doppelt und weben Sie abwechselnd einmal über und einmal unter den Kettenfäden. Drehen Sie um und wiederholen Sie das Ganze, bis Sie eine 4 – 5 mm breite Randkante haben.

2. Schneiden Sie einen Teil des Doppelfadens ab, damit Sie das Perlengewebe mit einem einzelnen Faden fortsetzen können. Fädeln Sie sieben Perlen auf die Nadel und ziehen Sie den Faden durch. Legen Sie die Perlen unter die Kettenfäden und drücken Sie sie mit dem Finger zwischen den Kettenfäden durch. Siehe das obere Foto auf der rechten Seite. Stecken Sie die Nadel durch die Perlen über den Kettenfäden und ziehen Sie den Faden durch. Siehe das mittlere Foto rechts. Wiederholen Sie diesen Vorgang auf dieselbe Art nach Muster.

3. Wenn das Gewebe fertig ist, schließen Sie mit einer 5 mm breiten Randkante ab. Siehe Punkt 1.

4. Schneiden Sie das Gewebe ab und befestigen Sie die Fäden, indem Sie zwei und zwei zusammenknüpfen.

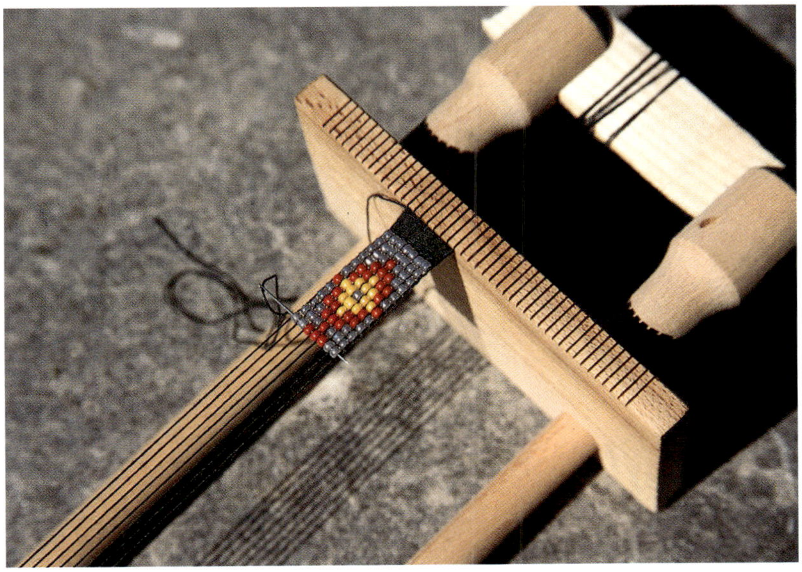

HAARSPANGE AUS PERLENGEWEBE

1. Machen Sie ein Perlengewebe, das so lang ist wie die Haarspange.

2. Schneiden Sie ein Stück Leder zu, das 5 mm breiter und länger ist als der flache Teil der Haarspange. Nehmen Sie die Spannfeder herunter und nähen Sie das Leder rund um den flachen Teil. Es soll so fest wie möglich gespannt werden.

3. Falten Sie die Randkante unter das Perlengewebe und nähen Sie das Perlengewebe rundum an das Leder.

HAARSPANGE AUS PERLENGEWEBE MIT ANHÄNGER

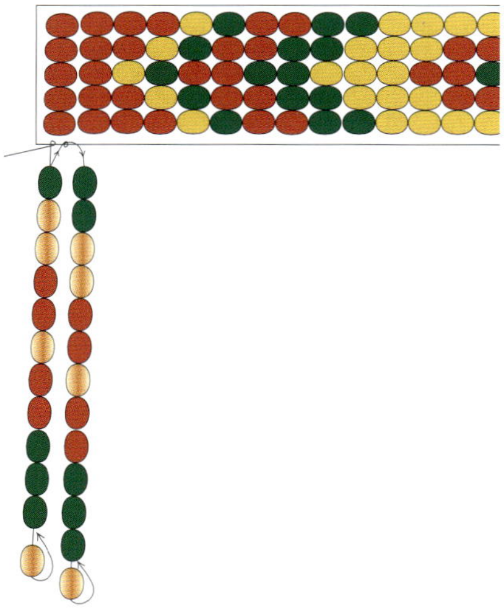

1. Machen Sie eine Haarspange, wie oben beschrieben.

2. Nehmen Sie cirka einen Meter starken Nylonfaden und fädeln Sie ihn in eine Nadel ein. Befestigen Sie den Faden ordentlich an der Unterkante der Haarspange und fädeln Sie die Perlen für die erste Reihe auf. Nach der letzten Perle fädeln Sie die Nadel, beginnend bei der vorletzten Perle, bis oben zurück, sodass die unterste Perle als Knoten fungiert. Nähen Sie den Faden am Leder fest und machen Sie einen Knoten, bevor Sie mit der nächsten Perlenschnur beginnen. Dann kann sich der Anhänger nicht zur Gänze auftrennen, wenn eine Perlenschnur reißt.

3. Machen Sie die anderen Perlenschnüre genauso; wenn der Faden zu Ende ist, vernähen Sie ihn ordentlich und machen mit einem neuen Faden weiter.

ARMBAND AUS PERLENGEWEBE

1. Machen Sie ein Perlengewebe in der gewünschten Breite und Länge. Verlängern Sie die Randkante auf ca. 0,8 cm an einem Ende, damit Sie Platz für einen kleinen Knopf haben.

2. Vernähen Sie die Kettenfäden auf der Seite, wo der Knopf angenäht wird.

3. Auf der anderen Seite verwenden Sie die Kettenfäden, um eine kleine Schlaufe daraus zu machen.

Wenn das Gewebe fertig ist, vernähen Sie alle Kettenfäden an der Randkante, sodass alle Fäden an einer Ecke enden. Flechten Sie die Fäden und nähen Sie dieses Geflochtene an der anderen Ecke fest, sodass eine Schlaufe entsteht. Vernähen Sie alle Fäden gut.

TIPPS

- Wenn man doppelte Fäden für die Außenreihen der Kette verwendet, wird das Gewebe stabiler.
- Variieren Sie das Gewebe, indem Sie andersfärbige Kettenfäden verwenden.
- Möchten Sie größere Perlen verwenden, so spannen Sie die Kettenfäden in breiteren Abständen zueinander.

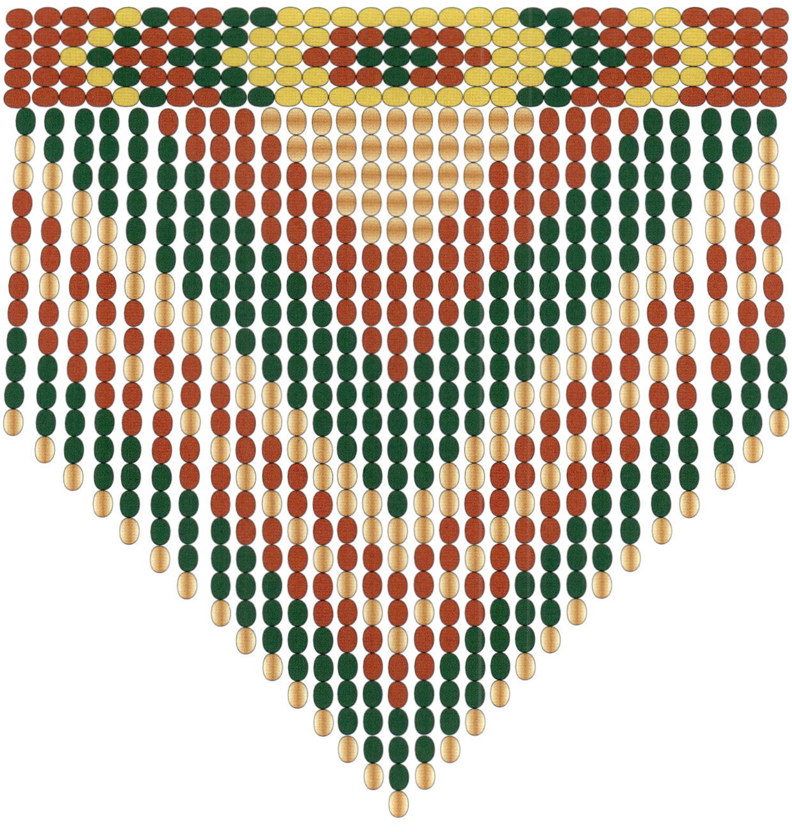

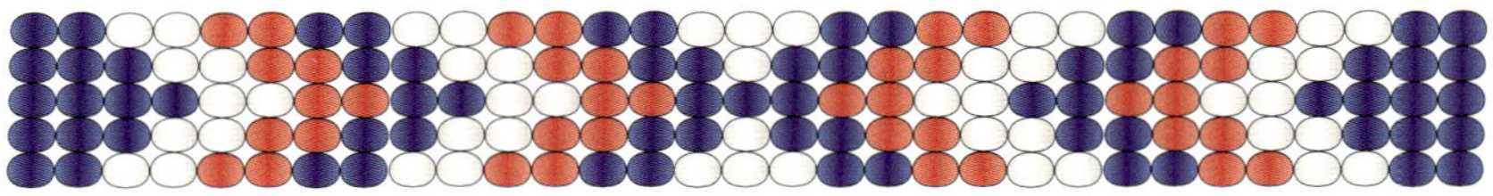

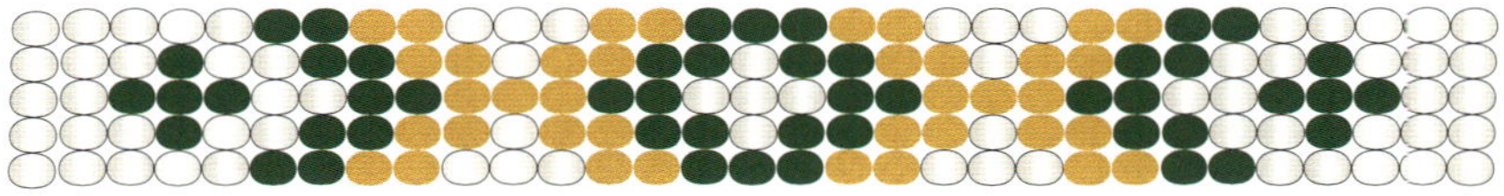

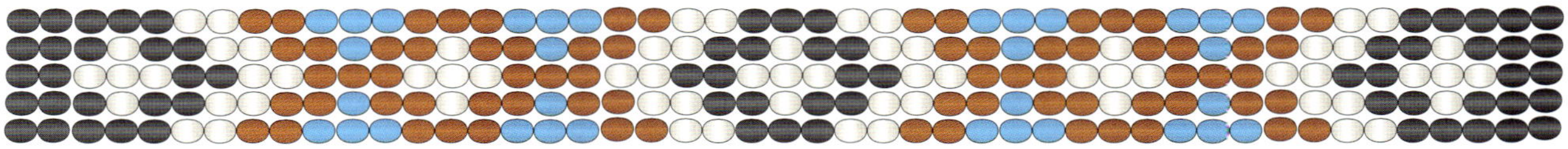

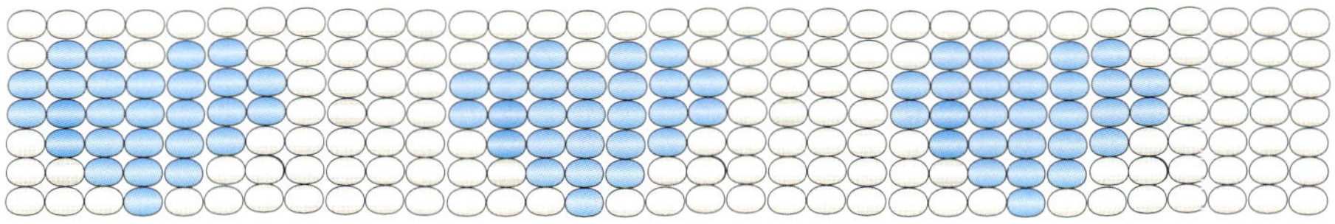

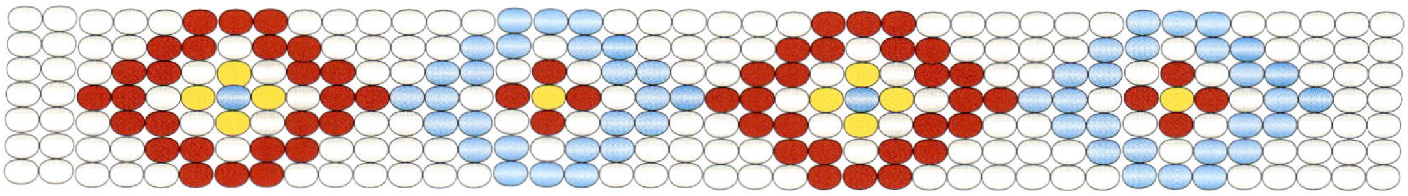

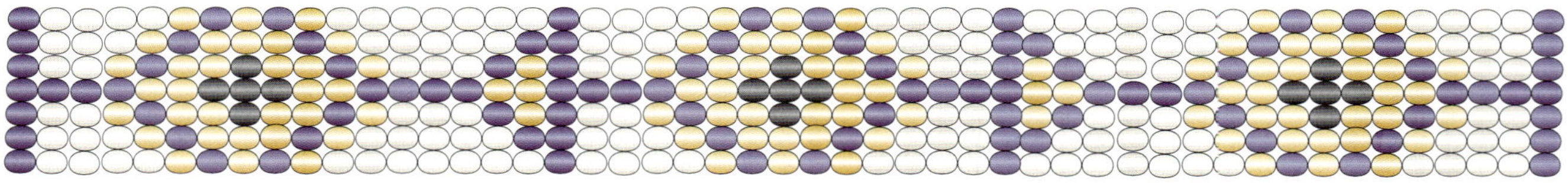

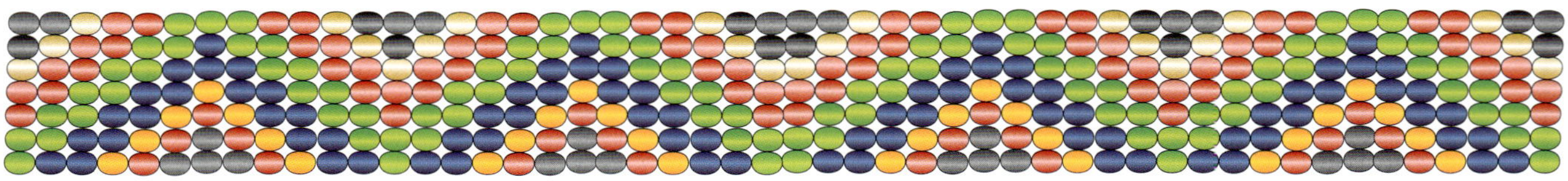

Figuren aus Perlen

FISCH

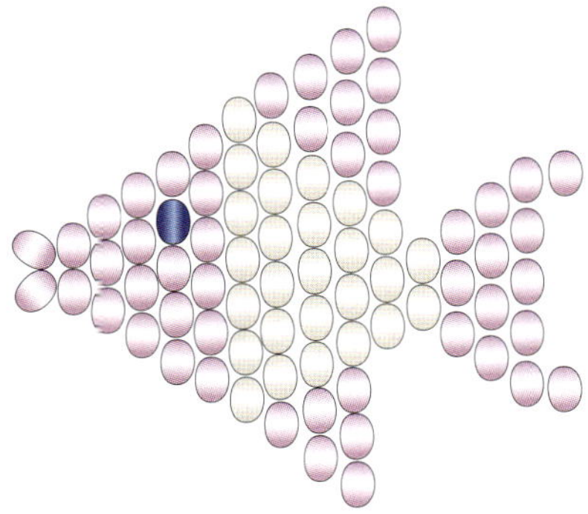

MATERIAL:
Durchsichter Nylonfaden,
z.B Angelschnur
Nadel (Perlennadel)
Perlen

Messen Sie ca. 60 cm Nylonfaden ab. Die Arbeit beginnt mit dem Mund des Fisches.

Reihe 1 – 2: Fädeln Sie eine Nadel ein und vier Perlen auf den Faden auf. Heben Sie einige Zentimeter Faden am Ende auf. Dieses Stück Faden fädeln Sie von hinten durch die Perlen durch, sodass sich ein Ring bildet. Machen Sie einen Knoten mit losen Enden und ziehen Sie fest, sodass sich ein Viereck bildet.

Fädeln Sie nochmals durch zwei Perlen und ziehen Sie fest, sodass der Knoten in den Perlen versteckt ist.

Nun wird der Fisch breiter. Dafür erweitert man die Anzahl der Perlen in den folgenden Reihen, indem man am Beginn jeder Reihe zwei Perlen auffädelt.

Reihe 3: Drehen Sie die Arbeit so, dass der Faden in Ihre Richtung zeigt und fädeln Sie zwei Perlen auf, legen Sie eine Naht zwischen den Perlen der vorhergehenden Reihe und gehen Sie dann zurück und fädeln „rückwärts" durch die nächstliegende Perle durch. Ziehen Sie vorsichtig an. Fädeln Sie noch eine Perle auf und „nähen" Sie an der gleichen Stelle wie das letzte Mal und fädeln Sie den Faden wieder durch diese Perle zurück. Es sollen drei Perlen in der Reihe vorkommen.

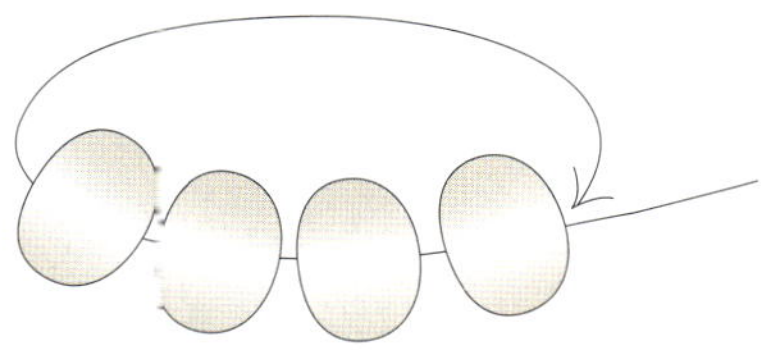

Reihe 4: Drehen Sie die Arbeit wieder so, dass der Faden in Ihre Richtung zeigt, so beginnen Sie jede Reihe. Machen Sie genauso weiter und nehmen Sie zu, indem Sie mit jeweils zwei Perlen am Rand beginnen. Nähen Sie zwischen Perle eins und zwei der vorhergehenden Reihe und fädeln Sie zurück durch die nächste Perle. Alle Perlen werden befestigt, indem man „rückwärts" durch die Perle fädelt. Das bewirkt, dass sich die Perle auf ihren Platz legt. Perle Nummer drei wird zwischen Perle zwei und drei der vorhergehenden Reihe festgenäht. Die letzte Perle der Reihe wird wiederum zwischen der zweiten und dritten Perle festgenäht und der Faden wird wieder durch diese Perle zurückgezogen. So bekommen Sie auch eine Zunahme am Ende der Reihe.

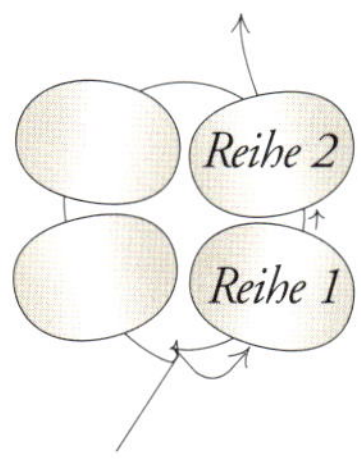

Reihe 5: Nehmen Sie zu, wie oben beschrieben. Die zweite Perle ist das Auge des Fisches und soll daher eine andere Farbe haben.

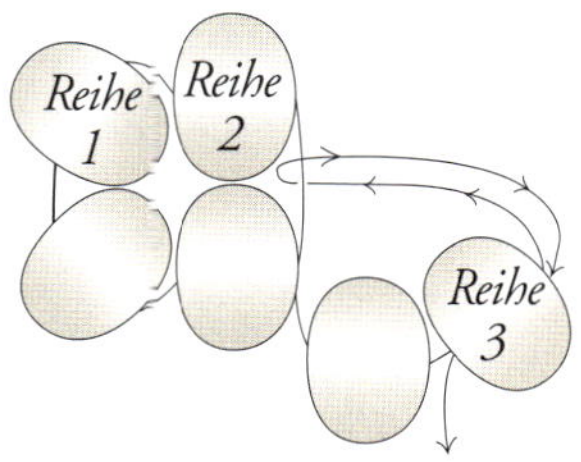

Reihe 6 – 11: Nehmen Sie bis Reihe 11 zu. Folgen Sie dem Farbschema der Skizze. Schließen Sie die elfte Reihe nach der siebten Perle ab.

Reihe 12: Jetzt nehmen Sie nicht zu, sondern nähen nur zwei Perlen in der gleichen Farbe wie der Körper jede für sich fest.

Reihe 13 – 15: In diesen Reihen nehmen Sie zu, wie in Reihe 4 beschrieben.

Reihe 16: Nähen Sie eine Perle fest und fädeln Sie entlang der Nähte nach vor zur ersten Perle, sodass Sie diese Naht nicht sehen. Nähen Sie eine Perle oben auf der letzten Perle der vorhergehenden Reihe fest und fädeln Sie durch diese letzte Perle zurück.

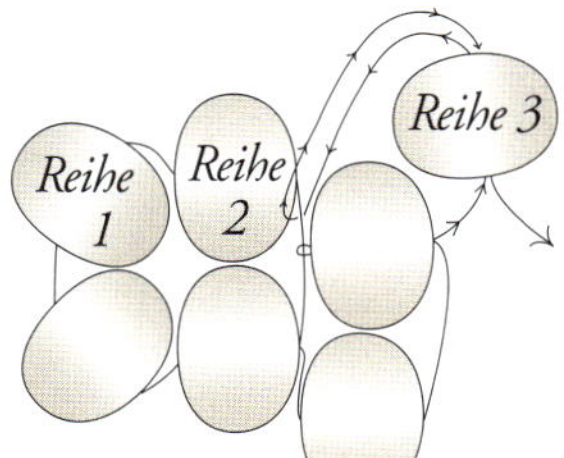

Vernähen Sie den Faden ordentlich, indem Sie einige Male innerhalb der Arbeit auf- und abnähen. Schneiden Sie den Nylonfaden ab und sengen Sie ihn vorsichtig ab, damit sich ein kleiner Knoten bildet.

Reihe 1 – 2: Fädeln Sie drei Perlen auf den Faden. Die Arbeit beginnt mit dem Mund.

Nähen Sie zurück durch die Perlen und machen Sie einen Knoten. Ziehen Sie fest, sodass sich ein Dreieck bildet.

Reihe 3 – 4: Fädeln Sie durch eine der Perlen zurück. Nehmen Sie zu, wie beim Fisch beschrieben. Siehe Reihe 3 beim Fisch. In der vierten Reihe liegen die Augen, daher beginnt und endet man mit einer Perle in einer anderen Farbe.

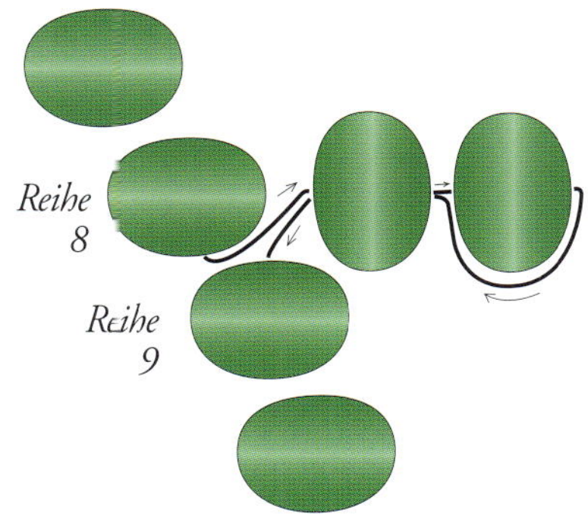

Reihe 5 – 6: In diesen Reihen nehmen Sie ab, deshalb beginnen Sie die Reihe mit einer einzelnen Perle.

Reihe 7 – 8: Nehmen Sie zu, wie im Muster unten dargestellt.

Reihe 9: Bevor Sie die Reihe 9 auffädeln, machen Sie die Füße. Fädeln Sie zwei Perlen auf und nähen Sie durch die innere Perle zum Anfang von Reihe 9 zurück. Beenden Sie diese Reihe auch genauso.

Reihe 10 – 11: Nehmen Sie zu, wie im Muster unten dargestellt.

Reihe 12 – 14: In diesen Reihen wird nicht zu- oder abgenommen, sondern in jeder Reihe sind acht Perlen.

Reihe 15 – 17: Nehmen Sie eine Perle pro Reihe ab.

Reihe 18: Am Anfang und am Ende von Reihe 18 machen Sie jeweils einen Fuß, wie in Reihe 9 beschrieben ist.

Reihe 19 – 21: Nehmen Sie eine Perle in jeder Reihe ab, bis nur mehr eine Perle übrig ist. Vernähen Sie den Faden ordentlich.

STERN

Messen Sie 75 cm Nylonfaden ab und fädeln Sie ihn in eine dünne Nadel ein.

Reihe 1: Fädeln Sie zehn Perlen auf. Heben Sie einige Zentimeter Faden am Ende auf. Dieses Stück Faden fädeln Sie von hinten durch die Perlen durch, sodass sich ein Ring bildet. Siehe Zeichnung 1.

Reihe 2: Fädeln Sie zwei Perlen auf und nähen Sie durch die zweite Perle der ersten Reihe durch. Fädeln Sie noch zwei Perlen auf und fädeln Sie durch die vierte Perle durch. So machen Sie die ganze Reihe weiter, damit sich fünf „Gruppen" bilden.

Reihe 3: Fädeln Sie durch die erste Perle der zweiten Reihe und fädeln Sie drei Perlen auf. Stechen Sie mit der Nadel durch die zweite Perle, sodass sich eine Spitze bildet. So machen Sie die ganze Reihe weiter.

Wenn der Stern fertig ist, wird der Faden vernäht, indem man einige Male durch die Perlen durchnäht. Schließen Sie ab, indem Sie den Faden vorsichtig absengen und sich dadurch ein „Knoten" bildet.

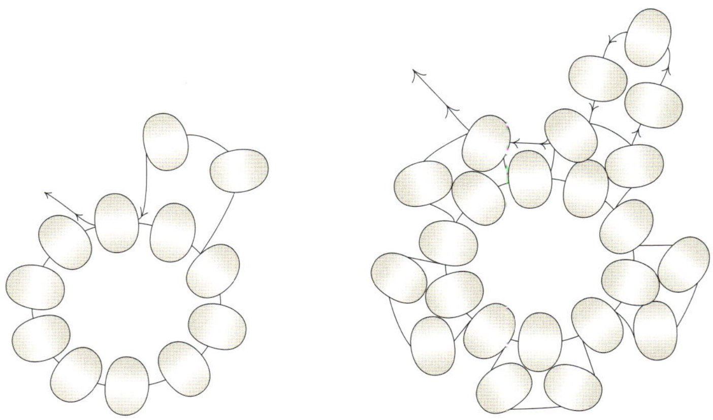

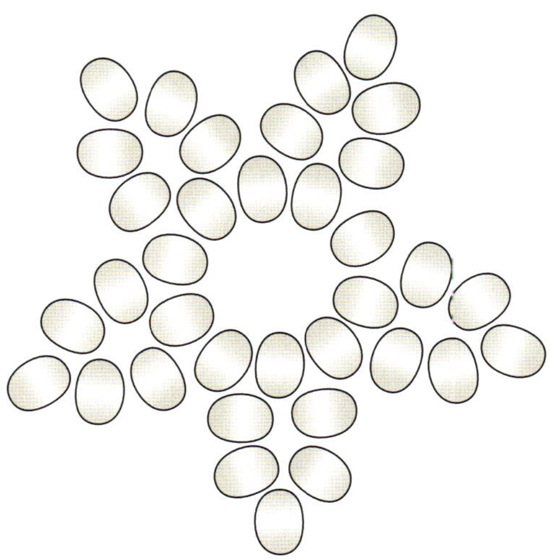

Perlenohrgehänge aus Kreolen und Perlen

1. Fädeln Sie die Perlen auf die Kreolen auf.

2. Fädeln Sie die Perlen laut Muster auf die Kettlerstifte auf und biegen Sie jeweils das eine Ende zu einem Haken, der auf die Kreolen gehängt wird. Verschließen Sie den Haken mit einer Zange.

3. Befestigen Sie die Ohrfeder.

MATERIAL:

Kreolen
Kettlerstifte
Perlen
Ohrfedern
Zange

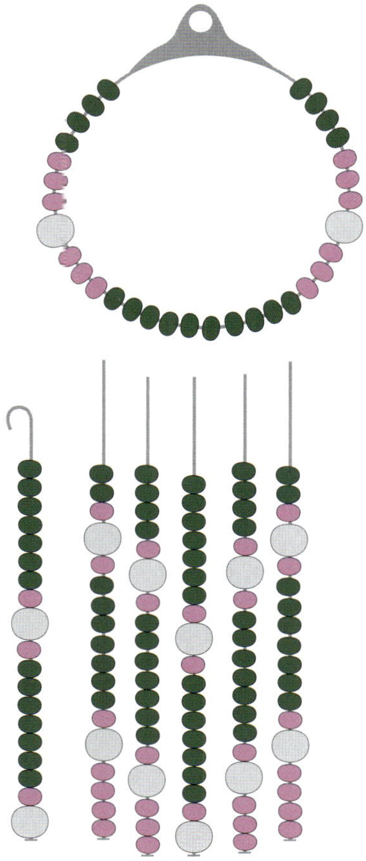